essentials

Essentials liefern aktuelles Wissen in konzentrierter Form. Die Essenz dessen, worauf es als „State-of-the-Art" in der gegenwärtigen Fachdiskussion oder in der Praxis ankommt. Essentials informieren schnell, unkompliziert und verständlich

- als Einführung in ein aktuelles Thema aus Ihrem Fachgebiet
- als Einstieg in ein für Sie noch unbekanntes Themenfeld
- als Einblick, um zum Thema mitreden zu können

Die Bücher in elektronischer und gedruckter Form bringen das Expertenwissen von Springer-Fachautoren kompakt zur Darstellung. Sie sind besonders für die Nutzung als eBook auf Tablet-PCs, eBook-Readern und Smartphones geeignet.

Essentials: Wissensbausteine aus den Wirtschafts, Sozial- und Geisteswissenschaften, aus Technik und Naturwissenschaften sowie aus Medizin, Psychologie und Gesundheitsberufen. Von renommierten Autoren aller Springer-Verlagsmarken.

Susan Pulham · Michael Deeken

Zur Rationalität von Anlageentscheidungen

Begriffsklärung und Implikationen für Kapitalmarktakteure

Susan Pulham
htw saar
Saarbrücken
Deutschland

Michael Deeken
FOM Hochschule für Oekonomie und
Management gGmbH
Mannheim
Deutschland

ISSN 2197-6708
essentials
ISBN 978-3-658-10805-2
DOI 10.1007/978-3-658-10806-9

ISSN 2197-6716 (electronic)

ISBN 978-3-658-10806-9 (eBook)

Die Deutsche Nationalbibliothek verzeichnet diese Publikation in der Deutschen Nationalbibliografie; detaillierte bibliografische Daten sind im Internet über http://dnb.d-nb.de abrufbar.

Springer Gabler
© Springer Fachmedien Wiesbaden 2015

Gedruckt auf säurefreiem und chlorfrei gebleichtem Papier

Springer Fachmedien Wiesbaden ist Teil der Fachverlagsgruppe Springer Science+Business Media
(www.springer.com)

Was Sie in diesem Essential finden können

- Einen Überblick über verschiedene klassische und moderne Rationalitätsbegriffe
- Einen Überblick über psychologische Erkenntnisse zu Rationalitätsbeschränkungen von Anlegern
- Eine Darstellung der Prospect Theory von Kahneman und Tversky
- Analysen der Auswirkungen eingeschränkter Rationalität auf die Interaktion verschiedener Kapitalmarktakteure

Inhaltsverzeichnis

Einleitung

1

Wenn wirtschaftswissenschaftlich geprägte Autoren das Thema Rationalität bzw. rationale Entscheidungen aufgreifen, muss geklärt werden, vor welchem Hintergrund dies geschieht. Schließlich ist der Rationalitätsbegriff deutlich älter als die Wirtschaftswissenschaften, denn noch vor hundert Jahren war die Betriebswirtschaftslehre keine eigene Wissenschaftsdisziplin[1]. Erst die Bemühungen von Schmalenbach (1911) führten in einem ersten Schritt dazu, dass die so genannte „Privatwirtschaftslehre" als „Kunstlehre" anerkannt wurde. Hiermit wurde der Grundstein für ein Forschen im Spannungsfeld von Theorie und Praxis gelegt. Zunächst war der Nukleus die Professionalisierung des Rechnungswesens und der Buchführung[2]. Doch schon bald folgten Anreicherungen aus anderen Wissenschaftsbereichen: Naheliegend war zunächst das Bemühen der Volkswirte, mit ihren mikroökonomischen Modellen zum Verhalten von Haushalten und Unternehmen die junge Disziplin der Betriebswirte zu substantiieren[3]. Das „Operations Research" lieferte Erkenntnisse für die Logistik von Unternehmen[4]. Aus der „modernen" Informatik flossen konkrete Anwendungen für komplexe Finanzierungsmodelle ein[5]. Und auch die Sozialwissenschaften öffneten sich sukzessive für Analogien und Modellkonstruktionen, die für eine angewandte Betriebswirtschaftslehre

---

[1] Vgl. Klein-Blenkers 1998, S. 18 ff.

[2] Vgl. Schmalenbach 1911, S. 304 ff.

[3] Vgl. Kirsch 2001, S. 7 ff.

[4] Vgl. Kirsch 1992, S. 407 f.

[5] Vgl. Dantzig 1966, S. 1 ff.

© Springer Fachmedien Wiesbaden 2015
S. Pulham, M. Deeken, *Zur Rationalität von Anlageentscheidungen*, essentials,
DOI 10.1007/978-3-658-10806-9_1

entscheidend waren[6]. Seitdem gibt es betriebswirtschaftliche Lehrstühle, die sich ihrerseits mit anderen Wissenschaftstraditionen so intensiv auseinandersetzten, dass sie einen Mehrwert für die eigene Forschung generieren konnten bzw. können. Rückblickend kann man diese Entwicklung auch eine Multiparadigma-Forschung nennen, welche die moderne Betriebswirtschaftslehre in ihrem Spannungsfeld von Theorie und Praxis zu erfassen mag[7].

Eines der zentralen Themen in der Betriebswirtschaftslehre ist – spätestens seit Heinen (1985) – die Entscheidungsfindung von Wirtschaftssubjekten[8]. Auch hierzu haben einige, ganz verschiedene Wissenschaften Erkenntnisfortschritte geliefert. Einerseits die Logik der Mathematik und vor allem der Statistik, andererseits die Verhaltensorientierung der Soziologie und der Psychologie[9]. In diesem Beitrag, der sich mit der Entscheidungsfindung an den Kapitalmärkten befasst, finden verschiedene, für das Thema relevante Strömungen Berücksichtigung. Im Mittelpunkt steht dabei der Begriff der Rationalität. Dieser suggeriert, dass es im Rahmen einer konkreten Umfeldsituation – auch wenn sie komplex ist – immer möglich ist, eine abgewogene und letztlich optimale Entscheidung zu treffen. Im Folgenden wird gezeigt, wie diese Annahme im Rahmen verschiedener Rationalisierungsverständnisse modifiziert wurde bzw. aufgelöst werden muss (Kap. 2). Kap. 3 widmet sich den Entscheidungen von Anlegern im Kapitalmarktumfeld. Schwerpunkt der Ausführungen ist es, die Anleger anhand der so genannten „subjektiven Rationalität" zu kategorisieren bzw. charakterisieren.

Die Anleger sind im Spiel der Kapitalmarktentscheidung nicht alleine. Weiter zu berücksichtigen sind Akteure, die sich wechselseitig beeinflussen. Dieser Zusammenhang wird in Kap. 4 thematisiert.

Abschließend erfolgen eine Zusammenfassung sowie ein Ausblick.

---

[6] Vgl. Kirsch 1992, S. 16 f.

[7] Vgl. Mitroff 1971, S. 634 ff.

[8] Vgl. Heinen 1985, S. 53 f.

[9] Vgl. Gore 1962, S. 49 ff.

Rationalitätsverständnisse

Mit dem Begriff Rationalität wird ein vernunftgeleitetes und an Zwecken ausgerichtetes Denken und Handeln bezeichnet[1]. Der Begriff beinhaltet die intendierte Selektion von Alternativen aus Gründen, die als vernünftig gelten, um ein bestimmtes Ziel zu erreichen.

Bei der Analyse des Begriffes der Rationalität sind verschiedene Aspekte zu berücksichtigen:

Es wird eine Beziehung unterstellt zwischen intendiertem Ziel und den zu seiner Erreichung eingesetzten Mitteln. Hier ist Rationalität also die Fähigkeit, eine Ursache-Wirkungskette zu analysieren und auch bewusst einzusetzen. Diese Zweck-Mittel-Korrelation wurde in den Sozialwissenschaften von Max Weber (1921) aufgebracht[2].

Es geht auch um die Bewertung eines Zweckes: Ist dieser angemessen? Wenn ja, dann bedeutet rational „vernünftig" bzw. „richtig". Hier wird Rationalität nicht nur zum Maß der Effizienz, sondern auch zum Maß der Effektivität. Zweckrational handelt nach Max Weber, wer die Relation von Nutzen und Aufwand bei der Auswahl des richtigen Ziels maximiert. Die Definition besagt demnach, dass „[z]weckrational handelt, wer sein Handeln nach Zweck, Mitteln und Nebenfolgen orientiert, und dabei sowohl die Mittel gegen die Zwecke, wie die Zwecke gegen die Nebenfolgen, wie endlich auch die verschiedenen Zwecke gegeneinander rational abwägt."[3] Dem Abwägen liegt hierbei ein Denkprozess zugrunde, welcher auch in

---

[1] Vgl. Weber, Schäffer 1999, S. 734.
[2] Vgl. Weber 1922, S. 11 ff.
[3] Weber 1922, S. 13.

der betriebswirtschaftlichen Literatur nach Erich Gutenberg zu finden ist[4]. Damit verbunden ist demnach Wissen, da die Rationalität einer Handlung von der Zuverlässigkeit des darin enthaltenen Wissens sowie ihrer Begründbarkeit abhängt[5].

Schließlich bedeutet Rationalität auch die Beherrschung von Methoden und Verfahren. Hier geht es vor allem um die Konsistenz von Argumenten, Entscheidungen und Handlungen. In diesen Interpretationsbereich von Rationalität fallen auch die Eigenschaften und Fähigkeiten von Personen bzw. Wirtschaftssubjekten. Man spricht in diesem Zusammenhang dann auch von „rationalen Menschen"[6].

Der letzte Aspekt von Rationalität ist derjenige, der ein Erklärungsmuster für Handlungen und Normen liefert. An dieser Stelle bekommt Rationalität erstmals einen subjektiven Charakter: Als rational gilt, was wohlbegründet, angemessen und verantwortbar ist. Max Weber bezeichnet dies als „Wertrationalität"[7].

Auf Basis dieser einführenden Erläuterung zu den verschiedenen Aspekten der Rationalität wird nun ein Entwicklungsmuster – von klassischen hin zu neueren Rationalitätsverständnissen – skizziert.

2.1 Klassische Rationalitätsbegriffe

Wie in der Einführung dargelegt, wurde die Betriebswirtschaftslehre anfänglich sehr deutlich von traditionsreichen Wissenschaften geprägt[8]. Im Bereich der Rationalität kommt ein starker Input durch die Volkswirtschaftslehre: die klassische Nationalökonomie, die neoklassische Theorie, der Keynesianismus und die neue Institutionenökonomik – alle versuchen, Funktions- und Wirkungsmechanismen in offenen Volkswirtschaften modellhaft zu beschreiben[9]. Grundannahme aller dieser Erklärungsmodelle ist, dass die jeweiligen Akteure unter ökonomischen Aspekten rational als „Homo oeconomicus" handeln. Die Entscheidung eines Homo oeconomicus wurde in der Betriebswirtschaftslehre zunächst strikt als Maximierung einer Nutzenfunktion dargestellt. Der Homo oeconomicus ist quasi „entmenschlicht" und kommt im Rahmen der vorgegebenen Umfeldbedingungen immer zu einer klaren Präferenzordnung[10]. Es ist nicht verwunderlich, dass in einem sol-

---

[4] Vgl. Gutenberg 1929, S. 28 ff.
[5] Vgl. Weber, Schäffer 1999, S. 734.
[6] Vgl. Rescher 1992, S. 152.
[7] Weber 1922, S. 12.
[8] Vgl. Bierich 1987, S. 11 ff.
[9] Vgl. Kirsch 2001, S. 4 f.
[10] Vgl. von Nitzsch 2014, S. 37.

chen Szenario der Homo oeconomicus von Kritikern als egoistisch handelnde Figur angesehen wurde. Dennoch wurde von den Makroökonomen das Modell des Homo oeconomicus von seiner individuellen Betrachtung auf eine kollektive Ebene gehoben, sodass auch gesellschaftliche Entscheidungen rational lösbar und von außen nachvollziehbar wurden[11]. Zunächst bestand der wissenschaftliche Anspruch darin, eine rein deskriptive Theorie der Entscheidung zu entwickeln. Doch schon bald kristallisierte sich eine Theorie der Explikation von Rationalität heraus. Dies mag auch für einige Forscher der Anlass gewesen sein, das Konstrukt des Homo oeconomicus immer stärker anzuzweifeln[12].

Da der Handelnde nicht immer über vollständiges Wissen in der jeweiligen Handlungssituation verfügt, können erwartete und tatsächlich beobachtete Entscheidungen auseinander gehen. Man unterscheidet zwischen subjektiver und objektiver Rationalität. Objektiv rationale Handlungen zeichnen sich durch ihre Ausrichtung auf einen bestimmten Zweck und die Verwendung alles objektiv zur Verfügung stehenden Wissens aus. Ein objektiver Beobachter kann aus der Handlung auf den verfolgten Zweck schließen und stimmt in seinem Schluss mit dem tatsächlich gemeinten Zweck des Handelnden überein. Trotzdem können sich die Ergebnisse des Beobachters und des Handelnden unterscheiden. Hierfür verantwortlich ist die subjektive Rationalität, welche den Handelnden beeinflusst, von außen für den Beobachter jedoch nicht ersichtlich ist[13]. Hierbei können unterschiedliche Ziele relevant sein: Während der Handelnde bestimmte Ziele als wichtig erachtet und seine Handlungen an ihnen ausrichtet, können diese für den Beobachter irrelevant sein, so dass er das Handeln als irrational beurteilen würde. Beispielsweise verfolgen immer mehr Anleger eine nachhaltige Anlagestrategie. Ihnen ist wichtig, dass bei ihren Anlageentscheidungen nicht nur ökonomische Ziele verfolgt werden, sondern auch soziale und ökologische. Ein anderer Akteur, für den nur ökonomische Ziele eine Rolle spielen, würde die gewählten Anlageformen tendenziell als suboptimal und somit irrational abtun.

---

[11] Vgl. Frey, Benz 2001, S. 7.

[12] So wies beispielsweise Feyerabend (1980) in seiner wissenschaftshistorischen Analyse nach, dass „große Innovationen" in der Wissenschaft selbst meist nicht den etablierten, d. h. rationalen Regeln folgten. (Feyerabend, P.K. Erkenntnis für freie Menschen, Frankfurt a. M. 1980)

[13] Vgl. Gäfgen 1963, S. 32 f.

2.2 Die Erwartungsnutzentheorie

Ein weit verbreitetes Modell zur Abbildung rationaler Entscheidungen bietet die Erwartungsnutzentheorie. In dieser Theorie wird davon ausgegangen, dass ein Entscheider über eine individuelle, zeitstabile Nutzenfunktion „u" verfügt, mit deren Hilfe er unsichere Alternativen bewertet. In der Nutzenfunktion sind die Höhenpräferenzen des Entscheiders, z. B. ein abnehmender Grenznutzen, und seine Risikoeinstellung abgebildet[14]. Dieses Modell, entwickelt durch von Neumann und Morgenstern (1947), baut auf einem mathematisch basierten Axiomensystem auf, das die Existenz der Nutzenfunktion sichert[15]. Existiert eine solche Nutzenfunktion, so geht man nach dem Modell der Erwartungsnutzentheorie davon aus, dass ein Entscheider eine unsichere Alternative $a = (p_1, a_1; p_2, a_2; \ldots; p_n, a_n)$ gemäß folgender Formel bewertet:

$EU(a) = \sum_{i=1}^{n} p_i \cdot u(a_i)$. Der Entscheider bewertet also die möglichen Ausgänge der unsicheren Alternative anhand seiner Nutzenfunktion und gewichtet diese Bewertungen mit Hilfe der zugehörigen Eintrittswahrscheinlichkeiten. Werden mehrere unsichere Alternativen miteinander verglichen, so ist es unabdingbar, dass ein rationaler Entscheider diejenige Alternative auswählt, die den höchsten Nutzenerwartungswert besitzt[16]. In ihrer Ursprungsfassung wurde in der Erwartungsnutzentheorie nicht thematisiert, woher die Werte für die Eintrittswahrscheinlichkeiten der möglichen Konsequenzen stammen. Savage (1954, 1972) löste dieses Problem, indem er als Wahrscheinlichkeiten subjektive Wahrscheinlichkeitsschätzungen der Entscheider annahm[17]. Auch dieses Modell ist nur anwendbar, wenn bestimmte mathematische Voraussetzungen erfüllt sind, die an dieser Stelle nicht weiter dargestellt werden.

---

[14] Vgl. von Nitzsch 2014, S. 172 f.

[15] Wir wollen in diesem Beitrag nicht auf die mathematischen Voraussetzungen eingehen. Einen guten Überblick liefert z. B. Eisenführ et al. 2010, S. 248 ff.

[16] Vgl. von Nitzsch 2014, S. 172.

[17] Vgl. Eisenführ et al. 2010, S. 260.

2.3   Einbindung realen menschlichen Verhaltens in den Rationalitätsbegriff

An dem Modell der Erwartungsnutzenmaximierung wurde oftmals Kritik geübt. Es unterstellt vollständiges Wissen über die zu betrachtenden Alternativen und eine allgemeingültige und somit objektive Bewertung der Konsequenzen[18]. Simon (1959) thematisierte, dass Menschen nur über beschränkte kognitive Ressourcen verfügen und es notwendig sei, die Wahrnehmung und Informationsverarbeitung eines Entscheiders bei der Modellierung seiner Entscheidungen zu berücksichtigen[19]. Er unterstellte realen Menschen eine beschränkte Rationalität („bounded rationality") und ging davon aus, dass Menschen bei ihren Entscheidungen nicht maximieren, sondern dass es ihnen genügt, wenn von ihnen definierte Anspruchsniveaus erfüllt wurden. Auch diese Modelle haben vorwiegend präskriptiven Charakter[20].

Die beiden Psychologen Daniel Kahneman und Amos Tversky fokussierten hingegen empirisch beobachtbare Abweichungen von rationalen Entscheidungen und dokumentierten ihr systematisches Auftreten. Aufbauend auf ihren Befunden entwickelten sie die deskriptiv orientierte „Prospect Theory". Im Mittelpunkt ihrer Betrachtungen stehen Verhaltensanomalien wie die Berücksichtigung verlorener Kosten, die Untergewichtung von Opportunitätskosten oder die Übergewichtung von Besitz, Verfügbarkeitsheuristiken und Sicherheitsstreben sowie Selbstwirksamkeitserwartungen und idiosynkratische Emotionen[21]. Insbesondere berücksichtigt die subjektive Rationalität, dass Menschen nicht nur ökonomische Ziele verfolgen, sondern dass auch außerökonomische Ziele, wie z. B. die Vermeidung von Dissonanzen[22], bei der Auswahl der optimalen Alternative berücksichtigt werden[23]. Dieses Modell als aktuellstes deskriptives Entscheidungsmodell wird in Abschn. 3.3 detaillierter vorgestellt.

---

[18] Vgl. Nehring 2011, S. 79 f.

[19] Vgl. Simon 1959, S. 256.

[20] Vgl. Simon 1972, S. 161.

[21] Vgl. Kahneman, Tversky 1979, S. 276 ff.

[22] Vgl. Abschn. 3.1.1.

[23] Eine entsprechende Erkenntnislogik hat sich auch in der soziologischen Forschungstradition herausgebildet. So unterscheidet beispielsweise Habermas (1985) zwischen kognitivinstrumenteller, moralisch-praktischer und ästhetisch-expressiver Rationalität.

Erkenntnisse zur eingeschränkten Rationalität von realen Anlegern

3

Im Vergleich zum Homo oeconomicus verhalten sich „echte" Menschen anders. Einerseits verfolgen sie nicht nur ökonomische Ziele, sondern auch „weiche" Ziele, die auf Wohlfühlen des Entscheiders abzielen.[1] Diese Motive des menschlichen Handelns werden im ersten Abschnitt vorgestellt. Andererseits unterliegen Menschen kognitiven Verzerrungen, die nicht motivational begründet sind, sondern dazu dienen, auch unter Zeitdruck und bei hoher Komplexität der Entscheidungssituation schnell eine Entscheidung zu treffen.[2] Die Heuristiken, die in solchen Fällen unbewusst angewendet werden, werden im zweiten Abschnitt näher erläutert. Der dritte Abschnitt widmet sich der „Prospect Theory", einem Modellierungsansatz, der ein Kalkül entwickelt hat, das menschliches Bewerten und Auswählen unterschiedlicher Alternativen darstellt.

3.1 Motivationale Beschränktheit

Das Bedürfnis nach Dissonanzfreiheit

Gemäß der Dissonanztheorie von Festinger streben Menschen danach, ihr Kognitionensystem, also die Gesamtheit ihrer Glaubens-, Meinungs- und Wissenseinheiten, widerspruchsfrei zu halten. Zwar gelingt es nie, vollkommene Widerspruchsfreiheit zu erlangen, viele solcher Widersprüche, so genannte Inkonsistenzen, sind jedoch unproblematisch. Problematisch sind Widersprüche im Kognitionensystem, in die eine Entscheidung bzw. eine Entscheidungsabsicht eines Anlegers verwickelt ist. Solche Widersprüche, die als Dissonanz bezeichnet werden, stellen sehr

---

[1] Vgl. von Nitzsch 2014, S. 57 f.

[2] Vgl. von Nitzsch 2014, S. 20.

© Springer Fachmedien Wiesbaden 2015
S. Pulham, M. Deeken, *Zur Rationalität von Anlageentscheidungen,* essentials,
DOI 10.1007/978-3-658-10806-9_3

unangenehme Spannungszustände für Menschen dar.[3] Beispielsweise dürfte ein Anleger, der der Überzeugung ist, sich gut mit Aktien auszukennen, und eine dementsprechende Kognition besitzt, eine schmerzhafte Dissonanz verspüren, wenn er eine Kaufentscheidung trifft und sich das Engagement negativ entwickelt.

Wie stark dieser Spannungszustand ist, hängt davon ab, wie sehr der Anleger an seiner Entscheidung hängt. Man spricht hier von „Commitment". Die Stärke des Commitments hängt wiederum von vier Faktoren ab:

Erstens ist relevant, ob die Entscheidung frei getroffen wurde: Eine angeordnete Entscheidung ist mit geringem oder keinem Commitment verknüpft, da die Verantwortung für eine etwaige Fehlentscheidung leicht verneint werden kann.

Zweitens ist die Verantwortung wichtig, die mit der Entscheidung verknüpft ist. Je größer die Verantwortung ist, die man entweder sich selbst oder Dritten gegenüber trägt, desto stärker hängt man an der Entscheidung und desto schlimmer schmerzen Fehlentscheidungen.

Der dritte Einflussfaktor besteht in einer etwaigen Normabweichung. Je ungewöhnlicher eine Entscheidung ist, desto stärker hängt man an ihr. Begründet werden kann dies mit etwaigen Strafen durch die soziale Umwelt, wenn eine Fehlentscheidung offensichtlich wird, beispielsweise in Form von Häme oder Besserwisserei.

Der vierte und letzte Faktor, der bestimmt, wie sehr man an einer Entscheidung hängt, sind irreversible Kosten, die mit der Entscheidung zusammenhängen. Hierunter fallen ökonomische Kosten, also wie viel Geld bereits geflossen ist, das nicht zurückgefordert werden kann, wenn der Entscheider seine Entscheidung revidieren will. Hierzu gehören aber auch psychologische Kosten, die immer irreversibel sind. Durchwachte Nächte voller Grübeleien über die Entscheidung zählen ebenso dazu wie intensive Diskussionen mit Freunden oder sogar Streit.[4]

Da die oben beschriebenen Dissonanzen einen unangenehmen Spannungszustand darstellen, verwundert es wenig, dass Menschen unbewusst Dissonanzen vermeiden. In diesem Zusammenhang kann man beobachten, dass Menschen systematisch Informationen ignorieren, die tendenziell Dissonanzen verursachen könnten.[5] Tatsächlich handelt es sich hierbei nicht um ein bewusstes Ignorieren, vielmehr werden Dissonanz erzeugende Informationen tatsächlich nicht bemerkt. Auch an Kapitalmärkten lässt sich diese so genannte „selektive Wahrnehmung"

---

[3] Vgl. von Nitzsch 2014, S. 60 f.
[4] Vgl. von Nitzsch 2014, S. 61 ff.
[5] Vgl. Festinger 1962, S. 267 ff.

beobachten. So werden regelmäßig negative Informationen von Anlegern ausgeblendet oder als nicht glaubwürdig oder nicht relevant angesehen.[6]

Falls eine Dissonanz trotz aller Bemühungen nicht vermieden werden kann, z. B. in der Form, dass ein Aktieninvest droht, einen Verlust zu verursachen, setzen Menschen alles daran, diese Dissonanz so schnell wie möglich aufzulösen.[7] Im Prinzip stehen hierzu zwei Verhaltensweisen zur Verfügung: Zumindest theoretisch könnte der Anleger seine Entscheidung revidieren und eine etwaige Fehlinvestition verkaufen. Dies dürfte aber besonders bei hohem Commitment für die meisten Anleger nicht möglich sein, da dieses Verhalten weitere Dissonanzen nach sich ziehen würde. Menschen verhalten sich in dieser Situation recht effizient. Gewählt wird das Verhalten, das die wenigsten Änderungen im Kognitionensystem nach sich zieht. Es wird einem Anleger z. B. leichter fallen, weitere Entscheidungen zu fällen, die die getroffene Kaufentscheidung rechtfertigen. Sehr schnell gerät ein Anleger dann in die Falle, „gutes Geld schlechtem hinterher zu werfen". Gern hört man in diesem Zusammenhang die Begründung für weitere Käufe einer Aktie bei fallenden Kurven, dass man nachkaufe, um den durchschnittlichen Einstandspreis zu reduzieren. Bei begründeter Aussicht auf steigende Kurse kann dies auch durchaus rational sein, es besteht aber die Gefahr, dass die Zukunftsaussichten unbewusst zu rosig gemalt werden, nur um sich nicht einzugestehen, dass man einen Fehler gemacht hat. Der Entscheider befindet sich dann in der so genannten „Sunk-Cost-Falle."[8]

Das Bedürfnis nach Kontrolle

Menschen sind bestrebt, sich selbst als Verursacher von Veränderungen wahrzunehmen. Hierdurch entsteht das Gefühl, die eigene Situation unter Kontrolle zu haben. Dabei muss deutlich zwischen objektiv vorhandener Kontrolle und dem subjektiven Wahrnehmen von Kontrolle (kognizierte Kontrolle) unterschieden werden.

---

[6] Vgl. von Nitzsch 2014, S. 65.

[7] Vgl. Festinger 1962, S. 1 ff.

[8] Vgl. Eisenführ et al. 2010, S. 411 und Fischhoff et al. 1981, S. 13.

Varianten kognizierter Kontrolle

Man kann fünf Varianten der kognizierten Kontrolle unterscheiden, die in der folgenden Reihenfolge immer weniger objektiv vorhandene Kontrollmöglichkeiten besitzen[9]:

1. Kontrolle als Fähigkeit zur Beeinflussung
2. Kontrolle als Fähigkeit zur Vorhersage
3. Kontrolle durch Kenntnis der relevanten Einflussvariablen
4. Kontrolle durch die Fähigkeit des retrospektiven Erklärens
5. Kontrolle durch Schönfärberei

Menschen, die in einer Entscheidungssituation über die Fähigkeit zur Beeinflussung der Umstände verfügen, haben sicherlich die stärkste Möglichkeit, Kontrolle in der Situation auszuüben. Allerdings muss man zugeben, dass die wenigsten Anleger über diese Art der Kontrolle verfügen. Höchstens Anleger mit sehr hohem Anlagevolumen oder starkem Medieneinfluss können durch ihr Verhalten Kursbewegungen erzeugen. Daher scheint diese Kontrollvariante für die meisten Anleger eher unbedeutend zu sein.[10]

Etwas weniger Kontrolle besitzt ein Anleger, der zwar die künftige Kursentwicklung vorhersagen, sie aber nicht beeinflussen kann. Dennoch kann er Kontrolle über seine eigene Situation dadurch ausüben, dass er seine Anlagestrategie an die künftige Kursentwicklung anpasst. Auch diese Kontrollvariante besitzen nur die wenigsten Anleger, höchstens Anleger mit Insiderwissen haben zumindest in Teilen die Fähigkeit zur Vorhersage der Kursentwicklung, ihnen ist aber die Nutzung dieses Wissens verboten.[11]

Noch weniger objektive Kontrolle besitzen Anleger, die lediglich die relevanten Einflussvariablen kennen. Denn in diesem Fall kann man weder die Zukunft vorhersagen, noch ist man in der Lage die Zukunft so zu verändern, wie es dem eigenen Interesse entspricht. Dennoch ermöglicht die Kenntnis der relevanten Einflussvariablen ein Kontrollgefühl, indem sie das Gefühl vermittelt, dass man Zusammenhänge versteht und somit Kompetenz besitzt. Diese Kontrollvariante liegt bei solchen Anlegern vor, die sich intensiv Fachwissen über die Kapitalmärkte

---

[9] Thompson unterscheidet ursprünglich vier Kontrollvarianten. Von Nitzsch hat die Verfeinerung in fünf Varianten vorgenommen. Die fünfte Kontrollvariante ist hierbei zwischen der Fähigkeit zur Vorhersage und der Fähigkeit des retrospektiven Erklärens angesiedelt.

[10] Vgl. Thompson 1981, S. 90.

[11] Vgl. Thompson 1981, S. 91 und Frey, Jonas 2002, S. 28.

erarbeiten und sich mit den Unternehmen, in die sie investieren wollen, auseinandersetzen.[12]

Nachdem unerwünschte Situationen eingetreten sind, die von Anlegern als unkontrollierbar empfunden wurden, wie z. B. Kursabstürze und Crashes, wird oft versucht, im Nachhinein das Zustandekommen der unerwünschten Ereignisse zu erklären. Dieses Verhalten stellt auch eine Form der Zurückerlangung von Kontrolle dar, da durch das retrospektive Erklären ermöglicht wird, sich für zukünftige ähnliche Situationen zu wappnen.[13]

Die letzte, fast schon verzweifelte Anstrengung, Kontrolle über die eigene Situation zu verspüren, besteht darin, unkontrollierbare Ereignisse in einen größeren Zusammenhang zu stellen oder im Nachhinein umzudeuten. Der Ausspruch „Zu irgendwas wird es schon gut sein." nach dem Verlust eines beträchtlichen Vermögens zeigt, dass von objektiver Kontrolle eigentlich nicht mehr gesprochen werden kann. Dennoch verspürt ein Anleger, dem solches widerfahren ist, ein kleines Kontrollgefühl.[14]

Kontrollverlust und Kontrollillusion

Das Bedürfnis nach Kontrolle ist ein grundlegendes menschliches Bedürfnis, daher verwundert es nicht, dass Menschen empfindlich auf Kontrollverlust reagieren und sich auch regelmäßig mehr Kontrolle einbilden, als sie tatsächlich besitzen.[15]

In Situationen des Kontrollverlusts geraten Menschen unter Stress. Eine Möglichkeit, ein Gefühl der Kontrolle wieder zu erlangen, besteht darin, sich an andere Menschen anzuhängen. So konnte man nachweisen, dass in Zeiten niedriger Börsenkurse „Börsengurus" einen stärkeren Zulauf haben als in Zeiten hoher Aktienkurse.[16] Im Extremfall entsteht ein Gefühl der Panik verbunden mit dem Wunsch zu fliehen. Nach massiven Kursabstürzen kann man dieses Phänomen an Kapitalmärkten beobachten: Anleger versuchen um jeden Preis ihre Aktien zu verkaufen, und auch noch längere Zeit nach negativen Erlebnissen sind sie nicht bereit, als Investoren an die Kapitalmärkte zurückzukehren.[17]

Kontrollillusion zeigt sich in unterschiedlichen Ausprägungen, die mit den oben genannten Kontrollvarianten übereinstimmen.

---

[12] Vgl. von Nitzsch 2014, S. 69 ff.

[13] Vgl. Thompson 1981, S. 91 und Frey, Jonas 2002, S. 29.

[14] Vgl. Thompson 1981, S. 90 und Frey, Jonas 2002, S. 27.

[15] Vgl. Langer 1975, S. 311 ff.

[16] Schachter et al. 1986, S. 267 ff.

[17] Von Nitzsch 2014, S. 79.

In Bezug auf die stärkste Kontrollvariante überschätzen Menschen ihre Möglichkeit zur Einflussnahme und ihre Fähigkeiten. Beispielsweise sind mit schöner Regelmäßigkeit etwa 80 % der deutschen Autofahrer der Meinung, dass sie sicherer Auto fahren als der Durchschnitt.[18] Aber auch 65 % der deutschen Finanzanalysten halten ihre Prognosen für besser als die ihrer Kollegen.[19]

Menschen überschätzen auch ihre Prognosekraft. Sie „leiden" unter so genannter „Overconfidence". Dies äußert sich darin, dass Menschen sich bei Prognosen zu sicher sind und daher beispielsweise Schätzintervalle zu klein wählen. In einem Experiment, bei dem die Teilnehmer nach der Länge des Nils gefragt wurden, zeigte sich, dass das Vertrauen in die eigene Schätzung (gemessen in der Angabe der Wahrscheinlichkeit, mit der man sich der eigenen Schätzung sicher war) deutlich über dem Anteil der richtigen Schätzung lag.[20]

Auch bezogen auf die vierte Kontrollvariante kann man eine Kontrollillusion erkennen. Diese äußert sich in dem Gefühl, einen negativen Ausgang bereits vorher erkannt zu haben. Beispielsweise unterliegt ein Anleger, der der Meinung ist, doch schon vorher gewusst zu haben, dass es einen Kurssturz geben werde, in Wirklichkeit dem so genannten „hindsight bias". Denn wenn er es wirklich vorher gewusst hätte, hätte er bereits seine Aktien verkauft.[21]

3.2 Heuristiken

Zusätzlich zu den Rationalitätsbeschränkungen, die durch nicht-ökonomische Beweggründe erklärt werden können, unterliegen Menschen auch Beschränkungen, die aus der Tatsache herrühren, dass das menschliche Gehirn zu klein und zu langsam ist, um alle entscheidungsrelevanten Informationen aufzunehmen und adäquat zu verarbeiten. Um dennoch handlungsfähig zu sein, verwenden Menschen unbewusst so genannte „Heuristiken", also Vorgehensweisen, die schnell zu einer Entscheidung führen, aber nicht immer zur optimalen Alternative.[22] Basierend auf den Experimenten von Kahneman und Tversky werden die bekanntesten Heuristiken vorgestellt und auf ihre Auswirkungen auf das Verhalten von Anlegern untersucht.

---

[18] Vgl. Svenson 1981, S. 144.

[19] Vgl. Stotz, von Nitzsch 2003, S. 111.

[20] Ähnliche Untersuchungen vgl. Lichtenstein et al. 2006, S. 314 ff.

[21] Weber 2007, S. 39 f.

[22] Vgl. von Nitzsch 2014, S. 20.

Verfügbarkeitsheuristik

Informationen, die im Gehirn eines Anlegers bereits vorhanden sind, sind nicht alle gleich verfügbar. Einige werden leicht erinnert, andere sind schwer zugänglich und werden daher bei Entscheidungen nicht oder nur wenig berücksichtigt.[23] Leicht zugänglich sind Informationen, die aktuell sind, also erst kürzlich aufgenommen wurden. Auch Informationen, die leicht vorstellbar und anschaulich sind, werden besser erinnert. Gleiches gilt für besonders auffällige Informationen und solche, die wiederholt einem Anleger mitgeteilt werden. Diese vier Determinanten sorgen für eine hohe Verfügbarkeit einer Information im Gehirn.[24] Die Verfügbarkeitsheuristik besagt nun, dass Informationen mit hoher Verfügbarkeit von Menschen über- bewertet, also bei einer Entscheidung zu stark berücksichtigt werden.[25] An Ak- tienmärkten kann man diese Verfügbarkeitsheuristik mit schöner Regelmäßigkeit in Form von Überreaktionen in den Aktienkursen beobachten. Auf anschauliche, auffällige und aktuelle Informationen, die dank der medialen Präsenz wiederholt verbreitet werden, wird häufig mit Kursstürzen oder Kurssteigerungen reagiert, die nach kurzer Zeit wieder relativiert werden. Als Beispiel dient der Deutsche Ak- tienindex im Oktober 2014. Er verlor zeitweise bis zu 8 %, eine Überreaktion, die durch negative Ereignisse wie die Ebola-Epidemie, die Griechenland-Krise und den Ukraine-Konflikt erklärt werden kann.[26] Dass es sich um eine Überreaktion gehandelt hat, zeigt die anschließende Kurserholung, die bereits Anfang November 2014 begann.

Repräsentativitätsheuristik

Menschen bilden sich ihre Urteile oftmals nicht abwägend und denkend, sondern intuitiv und vorschnell. Hierbei entscheidet oftmals, wie gut eine Situation oder ein Mensch in ein bekanntes Schema einzuordnen ist.[27] Die Repräsentativitätsheu- ristik besagt in diesem Zusammenhang, dass Menschen etwas für wahrscheinlich halten, wenn es gut in ein solches Schema passt. Dieses Verhalten kann man in unterschiedlichen Ausprägungen beobachten.

---

[23] Vgl. Raab et al. 2010, S. 122.

[24] Vgl. Plous 1993, S. 125, 166.

[25] Vgl. Tversky und Kahneman 1973, S. 223.

[26] Vgl. www.finanzen.net 2014.

[27] Vgl. von Nitzsch 2014, S. 28.

Beispielsweise ignorieren Menschen bei ihren Schätzungen die Größe der Grundgesamtheit. Ein einfaches Experiment beschreibt einen Mann namens Michael, von dem u. a. gesagt wurde, dass er groß und schlank sei, eine Brille trüge und gern Mozart höre. Die Probanden sollten angeben, ob sie es für wahrscheinlicher hielten, dass Alexander Literaturprofessor oder LKW-Fahrer sei. Ein Großteil gab an, dass sie Alexander für einen Literaturprofessor hielten, obwohl es etwa 10.000 mal so viele LKW-Fahrer wie Literaturprofessoren gibt, sodass es wesentlich wahrscheinlicher ist, dass es sich bei Michael um einen LKW-Fahrer handelt.[28] Diese Fehlschätzung kann auch an Kapitalmärkten auftreten, wenn Investitionen in Unternehmen getätigt werden und die Erfolgsaussichten nicht anhand der Fakten, sondern anhand von Vorstellungen über ein Unternehmen, z. B. das Image, beurteilt werden.

Auch im Umgang mit Wahrscheinlichkeiten von Schnittmengen zeigen Menschen systematische Schwächen. Ein klassisches Experiment hierzu besteht in der Beschreibung von Linda, über die bekannt ist, dass sie 31 Jahre alt und sehr intelligent ist und zudem kein Blatt vor den Mund nimmt. Sie hat Philosophie studiert und sich intensiv mit Fragen sozialer Gerechtigkeit und Diskriminierung auseinandergesetzt sowie an Anti-Kernkraft-Demonstrationen teilgenommen. Die Experimentteilnehmer sollten im Anschluss an diese Information angeben, ob sie es für wahrscheinlicher hielten, dass Linda Bankangestellte oder dass Linda Bankangestellte und aktiv in der Frauenbewegung sei. Regelmäßig halten etwa 90 % der Teilnehmer die zweite Aussage für wahrscheinlicher, obwohl mathematisch gesehen die erste Aussage wahrscheinlicher sein muss, da sie weniger Einschränkungen enthält.[29] Anders ausgedrückt handelt es sich bei der zweiten Aussage um eine „und"-Verknüpfung (eine Konjunktion) bzw. um die Schnittmenge der ersten Aussage und einer weiteren Bedingung, die niemals wahrscheinlicher sein kann als die Einzelaussagen.[30] Diese „conjunction-fallacy" ist auch an Kapitalmärkten relevant, da ihre Anwendung zu unrealistischen Wahrscheinlichkeitsschätzungen führt, wenn beispielsweise die Erfolgsaussichten einer Investition beurteilt werden sollen und diese von mehreren Faktoren abhängig sind.

Eine weitere systematische Fehleinschätzung von Wahrscheinlichkeiten stellt die so genannte „gamblers' fallacy" dar. Sie beschreibt den Fehlschluss, dass Menschen zufällige Ereignisse für wahrscheinlicher halten, wenn sie auch „zufällig" aussehen. So wird in Roulettespielen nach längeren Phasen, in denen nur eine Farbe ausgespielt wurde (z. B. rot), übermäßig auf die andere Farbe (also hier

---

[28] Vgl. Baumeister 2005, S. 206 f.
[29] Vgl. Tversky und Kahneman 1983, S. 297 f.
[30] Vgl. Tversky und Kahneman 1983, S. 293.

schwarz) gesetzt, obwohl die Wahrscheinlichkeit selbstverständlich nach wie vor bei 18/37 für beide Farben liegt. Auch dieser Fehlschluss ist an Kapitalmärkten beobachtbar. Nach längeren Abwärtstrends halten Anleger ihre Aktien überdurchschnittlich stark, auch wenn der Aktienkursverlauf zufällig ist.[31]

Eine weitere Ausprägung der Repräsentativitätsheuristik besteht in der conditional-probability-fallacy. Sie beschreibt, dass Menschen mit bedingten Wahrscheinlichkeiten nur unzureichend umgehen können. Unter einer bedingten Wahrscheinlichkeit versteht man die Wahrscheinlichkeit, dass ein Ereignis A eintritt, wenn ein Ereignis B bereits eingetreten ist, und schreibt es als P(A|B). Experimente zeigen, dass Menschen Schwierigkeiten haben P(A|B) und P(B|A) auseinanderzuhalten.[32] Ein Beispiel hierfür ist die Argumentation, dass Frauen die besseren Autofahrer sind, weil sie weniger Unfälle verursachen. Tatsächlich ist es so, dass lt. Unfallstatistik nur etwa 25 % der Unfälle von Frauen verursacht werden. Wenn man das Ereignis, einen Unfall zu verursachen, mit U bezeichnet und das Ereignis, dass am Steuer eine Frau sitzt, mit F, bedeutet dies: P(F|U) = 0,25. Denn in der Unfallstatistik werden die Fälle aufgeführt, in denen eine Frau am Steuer sitzt, wenn ein Unfall passiert ist. Um jedoch aussagen zu können, dass Frauen weniger Unfälle verursachen, muss man die Wahrscheinlichkeit ausrechnen, dass ein Unfall passiert, wenn eine Frau am Steuer sitzt, also P(U|F). Diese Wahrscheinlichkeit liegt erstens deutlich unter 25 % und unterscheidet sich zweitens auch nicht von der Wahrscheinlichkeit, dass ein Unfall passiert, wenn ein Mann am Steuer sitzt.[33] Aber auch an Kapitalmärkten gibt es solche Fehleinschätzungen. Beispielsweise ereigneten sich die meisten Crashs der Geschichte der Kapitalmärkte im Oktober, was mathematisch beschrieben bedeutet, dass P(Oktober|Crash) hoch ist. Daraus abzuleiten, dass das Risiko für einen Crash im Monat Oktober besonders hoch ist, ist jedoch falsch, denn hierzu muss man P(Crash|Oktober) berechnen, und diese Wahrscheinlichkeit ist nicht höher als die Wahrscheinlichkeit für Crashs in anderen Monaten.[34]

Verankerungsheuristik

Zu den Verzerrungen, denen Menschen beim Schätzen von Wahrscheinlichkeiten aus der Repräsentativitätsheuristik unterliegen, kommt eine weitere unbewuss-

---

[31] Vgl. Lehrer 2009, S. 66.
[32] Vgl. Plous 1993, S. 131 ff.
[33] Vgl. Pulham 2012, S. 75 f.
[34] Vgl. von Nitzsch 2014, S. 32.

te Heuristik. In Situationen, in denen eine Zahl (z. B. ein Wert oder eine Wahrscheinlichkeit) geschätzt werden muss, suchen Menschen unbewusst nach einem Orientierungswert, von dem ausgehend die Schätzung angepasst wird. Die Auswahl des Orientierungswerts (des so genannten Ankers) wird „anchoring" genannt, der darauf folgende Anpassungsprozess heißt „adjustment". Im Prinzip ist diese Vorgehensweise vernünftig, man kann jedoch empirisch belegen, dass der Anpassungsprozess systematisch zu gering ausfällt und der Anker ein zu großes Gewicht bei der Schätzung besitzt. Besonders gut funktioniert diese Verankerungsheuristik, wenn die Schätzer den wirklichen Wert nicht kennen. Beispielsweise ließen Kahneman und Tversky den Anteil afrikanischer Staaten an den UN-Staaten schätzen. In einer Gruppe gaben sie als „Hilfe" den Hinweis, man solle in einem ersten Schritt überlegen, ob man glaube, der besagte Anteil läge ober- oder unterhalb von 10 %, und anschließend eine exakte Schätzung des Anteils abgeben. In der anderen Gruppe wurde ein fast identischer Hinweis gegeben, nur lag hier die vorgegebene Prozentzahl bei 65 %. Tatsächlich schätzten die Probanden in der „10-Prozent-Gruppe" den Anteil mit 25 % deutlich niedriger ein als die Probanden in der „65-Prozent-Gruppe", die einen durchschnittlichen Wert von 45 % angaben. In vielen Wiederholungen und Abwandlungen konnte dieser starke Einfluss des Ankerwerts bestätigt werden.[35]

Einerseits macht Menschen die unbewusste Anwendung der Verankerungsheuristik anfällig für Manipulationen durch Dritte, beispielsweise bei Verhandlungen, bei denen gezeigt werden konnte, dass das erste Gebot einen starken Einfluss auf das Endergebnis hat. Andererseits wirkt auch der Status quo als Ankerpunkt bei Prognosen. Sollen Anleger beispielsweise den Stand eines ihnen wenig vertrauten Unternehmens oder Index in sechs Monaten prognostizieren, so wird häufig zuerst nach dem aktuellen Stand gefragt und ausgehend von diesem Wert der Stand in sechs Monaten prognostiziert, wobei auch hier die Prognosewerte systematisch zu wenig vom Ankerpunkt abweichen.[36]

Mentale Kontenbildung

Menschen unternehmen in ihrem Leben viele Projekte, deren Fortschritte sie überwachen. So ist es wenig erstaunlich, dass sie in ihren Köpfen mentale Konten für einzelne Projekte anlegen, auf die sie Gewinne und Verluste verbuchen. Einerseits ist das rational, weil hierdurch eine Komplexitätsreduktion stattfindet. Andererseits

---

[35] Vgl. Tversky und Kahneman 1974, S. 1128 ff.
[36] Vgl. von Nitzsch 2014, S. 14 f.

neigen Menschen aber dazu, Verknüpfungen zwischen unterschiedlichen mentalen Konten zu vernachlässigen. Dies kann zu ökonomisch irrationalem Verhalten führen.[37] Beispielsweise sparen Menschen gleichzeitig Geld zu (niedrigem) Anlagezins und verschulden sich zu einem höheren Kreditzins.[38] Hierdurch entstehen ökonomische Verluste, die bei Betrachtung der Gesamtsituation (Integration der Investments) vermieden werden können. In einem Experiment stellten Kahneman und Tversky die Probanden vor folgende hypothetische Entscheidungssituation:

„Stellen Sie sich vor, Sie haben sich entschieden, ein Theaterstück anzusehen, dessen Eintrittspreis bei 10 $ liegt. Als Sie das Theater betreten, stellen Sie fest, dass Sie einen 10 $-Geldschein verloren haben. Werden Sie immer noch 10 $ für das Ticket bezahlen?" Eine Mehrheit von 88 % der Probanden bejahte dies. In einer anderen Formulierung lautete die hypothetische Frage: „ Stellen Sie sich vor, dass Sie sich entschlossen haben, ein Theaterstück anzusehen und den Eintrittspreis von 10 $ bereits bezahlt haben. Als Sie das Theater betreten, stellen Sie fest, dass Sie das Ticket verloren haben. Der Platz war nicht gekennzeichnet und das Ticket ist unauffindbar. Kaufen Sie für 10 $ ein anderes Ticket?" Bei dieser Beschreibung des (ökonomisch identischen) Sachverhalts waren nur 46 % der Probanden bereit, ins Theater zu gehen. Tversky und Kahneman begründen das unterschiedliche Verhalten damit, dass in der ersten Formulierung zwei unterschiedliche mentale Konten belastet werden (das Theaterticketkonto und das Geldverlustkonto), wodurch die erneute Investition in die Theaterkarten erleichtert wird.

In der zweiten Beschreibung wird hingegen nur ein mentales Konto, das Theaterkartenkonto, belastet. In dieser Situation erscheint den meisten Menschen der Theaterbesuch zu teuer. Dieses (Gedanken-)Experiment zeigt, dass Menschen manipulierbar sind, je nachdem wie ihre Entscheidungssituation dargestellt wird.[39] Die Manipulationsmöglichkeiten werden offensichtlicher, wenn die Erkenntnisse der Prospect Theory aus dem folgenden Abschnitt mit der mentalen Kontenbildung zusammen geführt werden.

---

[37] Vgl. Thaler 2008, S. 17 f.

[38] Vgl. Thaler 2008, S. 15. Solch ein Verhalten kann zwar rational sein, wenn es sich um langfristige Verträge mit Kündigungsschwierigkeiten handelt. Aber auch in Situationen mit kurzfristigem Planungshorizont tritt dies auf. Thaler nennt das Beispiel, gleichzeitig 15.000 $ für ein Ferienhaus zu 10 % in Geldmarktfonds anzulegen und einen Kredit über 11.000 $ zu 15 % aufzunehmen, um ein neues Auto zukaufen.

[39] Vgl. Tversky und Kahneman 1981, S. 457.

3.3 Modellierung von Anlageentscheidungen mit Hilfe der Prospect Theory

Darstellung der Modelle der Prospect Theory

Kahneman und Tverskys Verdienst ist es, dass sie neben der Erkenntnis der systematischen, unbewussten Nutzung von Heuristiken eine Theorie der menschlichen Bewertung von Entscheidungsalternativen entwickelt haben. Diese Theorie ermöglicht es zu verstehen, warum Menschen oftmals Alternativen wählen, die nach herkömmlichen Vorstellungen nicht rational sind.

Die „Prospect Theory" basiert auf den Modellen der Wertfunktion und der Wahrscheinlichkeitsgewichtefunktion. Analog zur Erwartungsnutzentheorie wird davon ausgegangen, dass Menschen unsichere (Investitions-)Alternativen anhand ihres Erwartungswerts bewerten. Daher bewerten sie die möglichen Konsequenzen und die Wahrscheinlichkeiten, mit denen die möglichen Konsequenzen eintreten, und bilden den gewichteten Durchschnitt.[40]

Bei der Bewertung von unsicheren Konsequenzen gehen Kahneman und Tversky von einigen Annahmen aus, die sie in der Wertfunktion abbilden. Der erste Aspekt betrifft die Erkenntnis, dass Menschen Konsequenzen relativ zu einem Bezugspunkt bewerten. Konsequenzen (dem besseren Verständnis halber hier: Geldbeträge), die oberhalb des Bezugspunkts liegen, werden als (relative) Gewinne bewertet und gemäß der Wertfunktion positiv bewertet. Beträge unterhalb des Bezugspunkts werden als (relative) Verluste angesehen und negativ bewertet. Bei diesen relativen Gewinnen und Verlusten muss es sich nicht unbedingt um reale Gewinne und Verluste handeln. Beispielsweise empfinden Anleger Kurssteigerungen als Verluste, wenn diese unter den erwarteten Kursgewinnen liegen. Andererseits freuen sie sich über Kursverluste, wenn diese geringer ausfallen, als sie es erwartet haben. Dieses Verhalten ist auch an Kapitalmärkten beobachtbar, wenn es zu Kursverlusten kommt, nachdem ein Unternehmen positive Gewinnzahlen publiziert, die unterhalb der Gewinnerwartungen liegen.[41]

Eine weitere implementierte Annahme besteht darin, dass Menschen Gewinne und Verluste mit abnehmender Sensitivität bewerten. Hiermit ist gemeint, dass man sich über die ersten Gewinne mehr freut (bzw. über die ersten Verluste mehr ärgert) als über weitere Gewinne (bzw. Verluste). Dies führt zu einer konvexen Gestalt der Wertfunktion im Verlustbereich und zu einer konkaven Gestalt im Gewinnbereich. Dass Menschen hohe Gewinne unterproportional bewerten, ist bereits seit der Er-

---

[40] Vgl. Kahneman und Tversky 1979, S. 263 ff.
[41] Vgl. Kahneman und Tversky 1979, S. 277.

wartungsnutzentheorie bekannt. Traditionell wurde dies mit dem abnehmenden Grenznutzen erklärt, der besagt, dass Menschen mit großen Geldbeträgen unterproportional mehr anfangen können als mit kleinen Geldbeträgen, z. B. weil gute Investitionsalternativen bereits ergriffen wurden und nur noch weniger lukrative Alternativen zur Verfügung stehen.[42] Kahneman und Tversky postulieren aber, dass dieses Phänomen auch im Verlustbereich auftritt. Dies ist beobachtbar, wenn Anleger sich über zusätzliche Verluste immer weniger ärgern.

Diese abnehmende Sensitivität lässt sich laut Kahneman und Tversky auch im zeitlichen Verlauf beobachten. Gewinne und Verluste, die unmittelbar bevorstehen, werden stärker und empfindlicher wahrgenommen als gleich hohe Gewinne und Verluste, die erst in entfernterer Zukunft anstehen.[43]

Zusätzlich wird in der Wertfunktion abgebildet, dass Menschen eine Verlustaversion besitzen. Dies bedeutet, dass sie Verluste stärker negativ bewerten als sie gleich hohe Gewinne positiv bewerten. Dieses Verhalten wird durch einen Knick der Wertfunktion im Bezugspunkt dargestellt. In experimentellen Studien konnte nachgewiesen werden, dass sich Anleger über Kursverluste im Mittel stärker ärgerten als sie sich über gleich hohe Gewinne freuten.[44]

Die Abb. 3.1 zeigt eine exemplarische Wertfunktion für den Kauf einer Aktie, in der die angesprochenen Eigenschaften visualisiert sind.

Ein weiteres Modell, das zur Prospect Theory gehört, setzt die Idee um, dass Menschen Wahrscheinlichkeiten nicht als die tatsächlichen Zahlenwerte verarbeiten, die sie angeben, sondern dass sie diese abhängig von ihrer Risikoeinstellung unterschiedlich bewerten. Da die meisten Menschen insbesondere bei Anlageentscheidungen als risikoscheu gelten dürften, beschränkt sich die Darstellung auf die Wahrscheinlichkeitsgewichtefunktion risikoscheuer Menschen. In Gewinnsituationen gehen Kahneman und Tversky davon aus, dass risikoscheue Menschen die (Gewinn-)Wahrscheinlichkeiten unbewusst als niedriger bewerten als sie angegeben sind. Sie folgen hierbei also sozusagen einem Vorsichtsprinzip. Lediglich sehr geringe Gewinnwahrscheinlichkeiten werden auch von risikoscheuen Anlegern überbewertet. Dies begründen die Autoren damit, dass Menschen geringe Wahrscheinlichkeiten nicht einschätzen können. Beispielsweise kann hierdurch erklärt werden, warum Menschen Lotto spielen. Im Verlustfall gehen Kahneman und Tversky davon aus, dass Wahrscheinlichkeiten systematisch überschätzt werden. Dies kann z. B. erklären, warum Menschen Bagatellversicherungen abschließen:

---

[42] Vgl. Kahneman und Tversky 1979, S. 278 f.

[43] Vgl. Loewenstein; Thaler 1989, S. 187; Zu einem Überblick über verschiedene empirische Studien vgl. Loewenstein 1992.

[44] Vgl. Kahneman und Tversky 1979, S. 279.

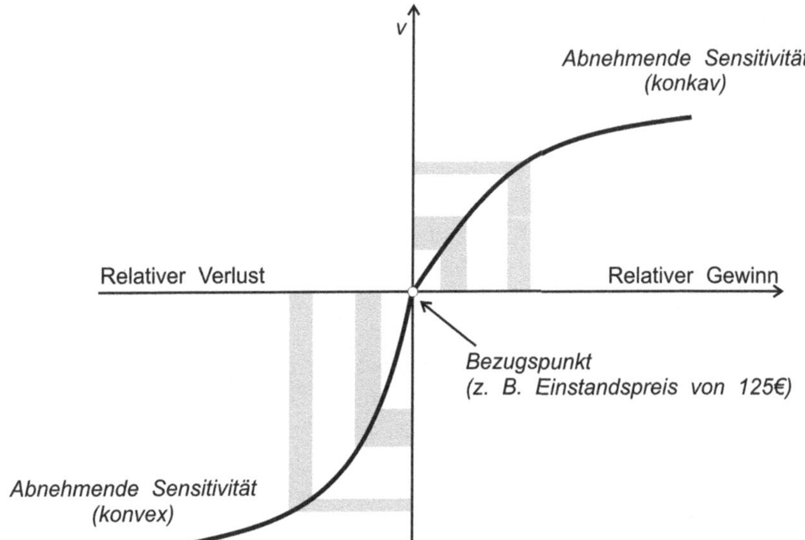

Abb. 3.1 Die Wertfunktion der Prospect Theory. (von Nitzsch 2014, S. 82)

Sie überschätzen die Schadenswahrscheinlichkeiten. Lediglich im Bereich von sehr hohen Verlustwahrscheinlichkeiten wird davon ausgegangen, dass Menschen diese als niedriger als tatsächlich einschätzen. Dies modelliert das empirisch beobachtbare Phänomen, dass Menschen fast sichere Verluste als unwahrscheinlicher erachten, als sie tatsächlich sind. Hierdurch wird sozusagen die Hoffnung zum Ausdruck gebracht, dass ein 99-prozentiger Verlust doch nicht so wahrscheinlich ist, wie es klingt. Zudem enthält das Modell der Wahrscheinlichkeitsgewichtefunktion eine Unstetigkeitsstelle bei 100 %. Sicherheit wird also im Vergleich zu sehr hohen Wahrscheinlichkeiten überproportional hoch bewertet. Die Autoren nennen dies den Certainty-Effekt, der ebenfalls empirisch nachgewiesen werden konnte. Beispielsweise sind Menschen bereit, überproportional viel Geld zu bezahlen, wenn hierdurch Unsicherheit vollständig beseitigt werden kann.[45] Kahneman und Tversky argumentieren, dass Wahrscheinlichkeiten auch relativ zu einem Bezugspunkt bewertet werden. Im Unterschied zu der Bewertung von Konsequenzen sehen sie aber die Bezugspunkte als gegeben an. Sowohl im Gewinn- wie im Verlustfall wirken die wünschenswertesten Wahrscheinlichkeiten, also 100 % im Gewinnfall und 0 % im Verlustfall, als natürliche Bezugspunkte, von denen aus die

---

[45] Vgl. Kahneman und Tversky 1979, S. 282 f.

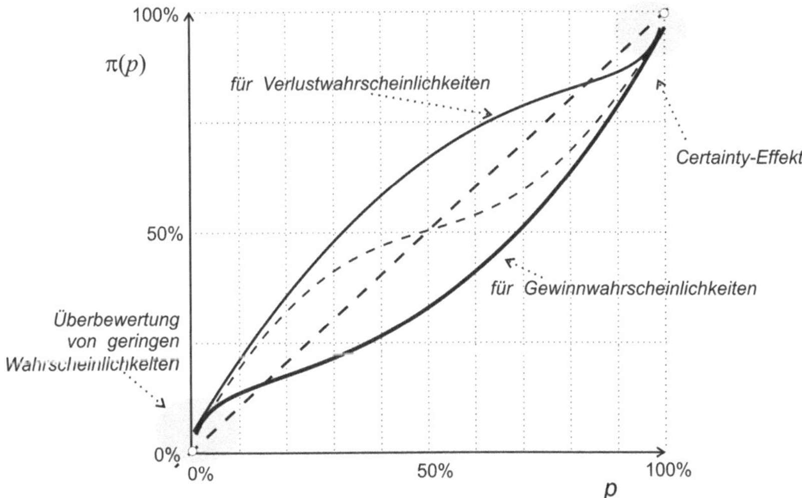

Abb. 3.2 Die Wahrscheinlichkeitsgewichtefunktion der Prospect Theory. (von Nitzsch 2014, S. 111)

Wahrscheinlichkeiten mit abnehmender Sensitivität bewertet werden. Die Abb. 3.2 zeigt für einen risikoscheuen Entscheider jeweils eine Wertfunktion für Gewinn- und für Verlustsituationen. Gestrichelt eingezeichnet sind eine unverzerrte Wahrscheinlichkeitswahrnehmung sowie eine verzerrte Wahrscheinlichkeitsbewertung, bei der beide Bezugspunkte (0 und 100 %) gleich stark wirken.

Integration und Segregation in mentalen Konten

Gemäß Thalers Analysen hat die Frage, ob Verluste/Gewinne von einem Entscheider getrennt oder gemeinsam bewertet (also verbucht) werden, große Auswirkungen auf seine Zufriedenheit. Bei mehreren Gewinnen konnte Thaler argumentieren, dass eine getrennte Bewertung zu höherer Zufriedenheit führt. Wie in der folgenden Abb. 3 ersichtlich ist, wird die getrennte Bewertung zweier Gewinne x und y, also v(x)+v(y) höher bewertet als die gemeinsame Bewertung v(x+y). Hierdurch lässt sich begründen, dass sich Menschen über mehrere kleine Geschenke mehr freuen als über ein großes. Auch für das Marketing ergeben sich wertvolle Anregungen dahingehend, dass Geschenke, also z. B. Beigaben, Rabatte und ähnliches besser einzeln ausgewiesen werden sollten.[46]

---

[46] Vgl. Thaler 2008, S. 18 und Herrmann und Bauer 1996, S. 678 f.

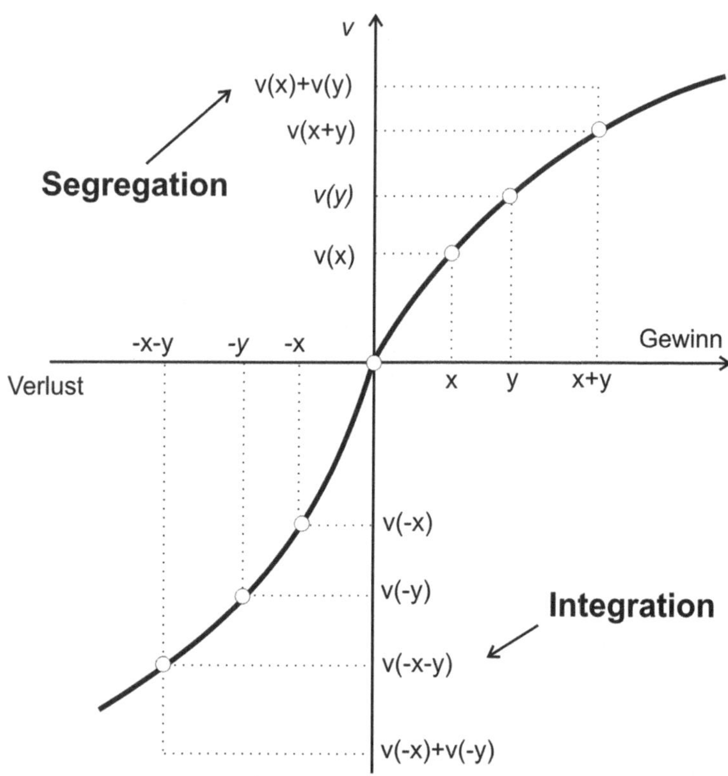

Abb. 3.3 Integration und Segregation von Gewinnen und Verlusten. (von Nitzsch 2014, S. 92)

Mehrere Verluste hingegen werden als weniger schlecht bewertet, wenn sie integriert werden. Man erkennt in Abb. 3.3, dass v(−x−y) weniger negativ bewertet wird als die isolierte Bewertung der Verluste v(−x)+v(−y). Bei einer Kombination von Gewinnen und Verlusten hängt es hingegen von der Höhe der einzelnen Beträge ab, welche Art der Bewertung zufriedener stellt. Menschen integrieren und segregieren unbewusst so, dass ihre Zufriedenheit so hoch wie möglich ist. Ein guter Verkäufer wird sie dabei aber durch Kommunikation unterstützen.[47]

---

[47] Vgl. von Nitzsch 2008, S. 74.

Bedeutung der eingeschränkten Rationalität von Anlegern für andere Kapitalmarktakteure

4

Wenn nun Anleger in dem in Kap. 3 dargestellten Sinne handeln bzw. entscheiden, so betrifft dies immer auch weitere Akteure am Kapitalmarkt. Es sollen in erster Linie die Betreuer von Wertpapiervermögen in die Analyse aufgenommen werden, aber auch die Produzenten von Wertpapierprodukten. Von Interesse ist hierbei, welche Auswirkungen die allgemein dargestellten, empirisch beobachtbaren Verhaltensanomalien auf andere Akteure als auf Privatanleger haben. Hierzu wird zunächst der klassische Wertpapier- bzw. Vermögensberater (4.1) betrachtet. Die Sichtweise wird eine andere, wenn man die Institution Bank, welche heutzutage eigentlich nur noch Produktgeber-Funktion übernimmt (4.2), charakterisiert. Zu differenzieren sind hiervon die Vermögensverwalter im angelsächsischen Sinne („private asset management"). Hier wird vor allem der Beratungs- und Betreuungsansatz zu betrachten sein (4.3). Und schließlich geht es auch um die so genannten Kapitalsammelstellen, welche Gelder der Anleger sammeln und kollektiv anlegen (4.4). Einerseits wird im Rahmen dieser Analyse betrachtet, für welche Irrationalitäten die einzelnen Kapitalmarktakteure selbst anfällig sind. Andererseits werden Besonderheiten im jeweiligen Umgang mit irrationalen (Privat-)Anlegern und hieraus folgende Handlungsempfehlungen aufgezeigt.

Vorweg sei an dieser Stelle gesagt, dass in den letzten zwanzig Jahren die Komplexität der Finanzmärkte und ihrer Produkte so rasant zugenommen hat, dass für viele Privatanleger eine intellektuelle Bewältigung kaum möglich ist. Dies ist wohl auch der wesentlichste Grund, warum Beratungsleistungen im Anlagegeschäft stärker denn je nachgefragt werden. Der Run auf so genannte „Plattformbanken", auf denen der Anleger sein Vermögen selbst verwaltet (sog. B2C-Business), ist in den letzten Jahren zugunsten des B2B-Geschäftes deutlich zurückgegangen.[1]

---

[1] Bei B2B-Konstruktionen wählt der Kunde eine Transaktionsbank, die mit einem Vermögensverwalter zusammenarbeitet.

© Springer Fachmedien Wiesbaden 2015
S. Pulham, M. Decken, *Zur Rationalität von Anlageentscheidungen*, essentials,
DOI 10.1007/978-3-658-10806-9_4

4.1 Perspektive der Vermögensberater

Das Gesetz macht in Deutschland einen sehr genauen und auch gleichermaßen einschneidenden Unterschied in der Zuweisung von Kompetenzen an Personen, die Dritte beraten wollen. Der gebundene Berater (einer Bank oder Versicherung) arbeitet automatisch unter dem Haftungsdach des betreffenden Instituts. Der freie und unabhängige Berater (mit eigenem Gewerbebetrieb) muss sich heutzutage ein Haftungsdach suchen, unter dem er oder sie seine Kunden betreuen darf. Beide Konstruktionen laufen unter dem Begriff „Anlage- und Abschlussvermittlung". Das Verbraucherschutzministerium hat dafür gesorgt, dass für jede Transaktion – sei es Kauf oder Verkauf – ein Beratungsprotokoll angefertigt werden muss.[2] Rein rechtlich darf der Vermögensberater nicht ohne Einverständnis des Kunden tätig werden, er darf ihn, wie der Name schon sagt, lediglich beraten. Dies unterscheidet ihn vom Vermögensverwalter, der in Abschn. 4.3 besprochen wird.

Die Ausführungen in Kap. 3 haben gezeigt, dass die Abweichungen von einer objektiven Rationalität mannigfaltig sind. Hiervon ist natürlich auch ein Vermögensberater betroffen. Dennoch ist zu vermuten, dass er aufgrund seiner professionellen Berufsausübung einen besseren Abstand halten und so – quasi aus der Außenperspektive – seine Kunden möglichst rational beraten kann. In der Praxis zeigen sich allerdings einige Problemkreise.

Das Bedürfnis nach Dissonanzfreiheit kann bei Vermögensberatern dazu führen, dass sie sich und dem Kunden Fehlentscheidungen nicht eingestehen. Gemäß den Ausführungen zum Commitment[3] besteht bei (vertrauenswürdigen) Vermögensberatern ein hohes Verantwortungsgefühl gegenüber ihren Kunden. Dies kann dazu führen, dass der Vermögensberater zwanghaft seine Entscheidungen zum Erfolg führen will. Hier gilt es selbstkritisch zu sein und sich kontinuierlich zu fragen, ob man wirklich noch an den Erfolg des Projekts glaubt.

Zusätzlich kann der Berater der Versuchung erliegen, die von den Produzenten hochprovisionierten Produkte zu empfehlen und in die Allokation seiner Kunden einzubauen. Immer noch ist die Partizipation an den Kauf- und Verkaufsspesen verlockend für Berater.[4] Etwaige aufkeimende Dissonanzgefühle werden durch Ausblenden von störenden Informationen unbewusst bekämpft, was eine zusätzliche Gefahr von Fehlentscheidungen in sich birgt, um die bereits getroffene Entscheidung zu rechtfertigen.

---

[2] Die Pflicht zur Erstellung eines Beratungsprotokolls wurde auf Anregung des Verbraucherschutzministeriums 2010 vom Bundestag verabschiedet und eingeführt.

[3] Vgl. Abschn. 3.1.

[4] Erst mit Einführung der europäischen Richtlinie MiFID II (Markets in Financial Instruments Directive) werden hier Änderungen stattfinden.

Des Weiteren sind insbesondere erfahrene Vermögensberater gefährdet, sich selbst zu überschätzen. Vergangene Erfolge werden tendenziell den eigenen Fähigkeiten zugeschrieben, was dazu führen kann, dass sie riskantere Ratschläge geben oder Einwendungen ihrer Kunden (unbewusst) ignorieren, die eigentlich nur geringere Risiken eingehen wollen. Diese Gefahr kann auch durch die Verfügbarkeitsheuristik verstärkt werden, durch die vergangene Erfolge im Gedächtnis besonders präsent sind.

Auch die Repräsentativitätsheuristik kann Vermögensberatern zu schaffen machen. Erste Aufgabe der Vermögensberatung muss sein, den Kunden anhand seiner Risikoeinstellung und der Risikotragfähigkeit zu charakterisieren. Wer hier als Berater vorschnell seinen Kunden anhand des ersten Eindrucks „in eine Schublade steckt", kann Fehlentscheidungen mit massiven Auswirkungen auf den Kunden fällen.

Das Wissen um die beschränkte Rationalität der Kunden kann wertvolle Anregungen im Umgang mit diesen Kunden liefern. So erklärt die Prospect Theory den Dispositionseffekt von Anlegern, also die Tendenz, dass Anleger Gewinne zu früh realisieren und Verluste zu lange laufen lassen. Hier gilt es als Berater, frühzeitig gegenzusteuern und – ohne belehrend zu wirken – den Kunden zu einer Änderung des Verhaltens zu bewegen.

4.2   Perspektive der Banken und ihrer Kundenbetreuer

Auch in Banken und Sparkassen gab es einmal Wertpapier- bzw. Vermögensberatung. [5] Doch dazu muss man zurückdenken bis mindestens 1990, besser noch länger. Sowohl die Geschäftsbanken als auch die „Nahversorger" (Volksbanken und Sparkassen) pflegten im Rahmen des Privatkundengeschäftes die Wertpapier- bzw. Vermögensberatung. Dieses Geschäft war schon immer kostenintensiv und konnte nur in guten Börsenjahren zum Gewinn der jeweiligen Bank beitragen. Diese Erkenntnis war den Controllern der Banken und Sparkassen ein Dorn im Auge. Und so wurde die Beratung sukzessive abgebaut und durch so genannte „Convenience-Produkte" ersetzt, welche die Personalressourcen weitestgehend entlasten sollten. [6] Im Rahmen dieser Entwicklung wurde Beratung schlichtweg durch Verkauf ersetzt und so gibt es heutzutage den „Fonds des Tages" oder das „Wertpapierprodukt der Woche". Die Gemeinsamkeit dieser Produkte besteht in aller Regel darin, dass der

---

[5] Vgl. hierzu Deeken 1997, S. 42 ff.

[6] Dies ging einher mit der strategischen Trennung von sog. Retail- und PrivateBanking-Business.

Kunde nicht über den Inhalt des Produktes, sondern über dessen Marketingaussagen angesprochen wird.

Es liegt daher nahe zu vermuten, dass die Banken und Sparkassen Ende des letzten Jahrhunderts erkannt haben, dass sie im Privatkundengeschäft aufgrund der zunehmenden Komplexität der Finanzmärkte mit individueller Beratung unter Kostengesichtspunkten keine Chance mehr hatten. Die ständige Weiterentwicklung von „Me-too"-Produkten hat nun dazu geführt, dass man der beschränkten Rationalität oder auch der Irrationalität der Kunden mit strukturierten Produkten begegnet. Der Aufbau dieser Produkte ist häufig geprägt von Derivaten und Bedingungen, die wahrscheinlich nur die Ingenieursabteilungen der Banken und Sparkassen selbst verstehen.

Muss nun ein Bankberater solche Produkte verkaufen, die er unter Umständen selbst nicht versteht, so besteht die Gefahr, dass er einerseits etwaige Dissonanzen dadurch beseitigt, dass er seine Verantwortung auf die Bank abwälzt. Da er nicht frei ist in seiner Entscheidung, sondern eine Vorgabe erhalten hat, kann er sich vor sich selbst rechtfertigen, indem er seinem Arbeitgeber die Verantwortung für die Richtigkeit der Entscheidung anhängt Die oftmals sehr starre Hierarchie in Bankhäusern verstärkt die Möglichkeiten für einen (einfachen) Bankberater, Fehlentscheidungen vor sich selbst zu rechtfertigen. Es ist verhältnismäßig einfach, den Vorgesetzten für Entscheidungen verantwortlich zu machen und eigene Verantwortung von sich zu weisen.

Hinzu kommt, dass strukturierte Produkte bei Kunden a priori auf großes Wohlwollen stoßen[7], da sie grundlegenden Bedürfnissen der Anleger entgegenkommen wie dem Bedürfnis nach Sicherheit und dem „hedonic framing".[8] Auch das sorgt für eine tendenzielle Bestärkung des Bankberaters in seiner Überzeugung, dass er das Richtige für den Kunden tut.

Aber es gibt auch positive Aspekte im Umgang eines Privatanlegers mit Banken. Durch eine strikte Hierarchie und mannigfaltige Kontrollmechanismen werden einige gefährliche psychologische Fallstricke im Verhalten eines Bankberaters vermieden. Entscheidungen müssen vor Vorgesetzten gerechtfertigt werden, es gilt das Vier-Augen-Prinzip. Auch die Informationen, auf deren Basis Entscheidungen gefällt werden, sind einheitlich aufbereitet. Hierdurch wird individuelles Fehlverhalten deutlich eingeschränkt.

---

[7] Dies mag a posteriori völlig anders bewertet werden, v. a. dann, wenn beispielsweise die Laufzeiten dieser Produkte gar nicht zu den Bedürfnissen der Anleger passen.

[8] Vgl. Breuer, Perst 2004.

4.3   Perspektive der Vermögensverwalter

Immer noch wissen viele Marktteilnehmer nicht, was ein Vermögensverwalter eigentlich ist bzw. wie er sich von anderen Beratern und auch von Banken abgrenzt. In den angelsächsischen Ländern kennt man den „private asset manager" schon seit dem zweiten Weltkrieg.[9] Dort ist es üblich, Kreditgeschäfte mit einer Bank zu regeln, die Geldanlage tätigt man hingegen bei einem unabhängigen Vermögensverwalter.[10] In Deutschland etabliert sich der Vermögensverwalter erst seit 1970 – und das relativ langsam. Aktuell gibt es ca. 300 von der Bundesanstalt für Finanzdienstleistungsaufsicht (BaFin) zugelassene Vermögensverwalter.[11] Fakt ist, dass diese Verwalter einen extrem professionellen, wertpapierlastigen Lebenslauf haben müssen, um überhaupt eine BaFin-Zulassung zu bekommen. So sind die meisten Geschäftsführer bzw. Vorstände von Vermögensverwaltungen ausgewiesene Experten im Anlagegeschäft. Häufig haben sie auch in der Zeit von 1990 und zuvor bei Banken in der Vermögensberatung gearbeitet, so dass sie den früher in Banken gelebten Beratungsprozess gut kennen. Insoweit darf es nicht verwundern, dass sie genau diese Dienstleistung auch heute noch anbieten – und zwar im Rahmen eines Verwaltungsmandats. Hier unterschreibt der Kunde nur einmal – und zwar eine Transaktionsvollmacht – und ab diesem Zeitpunkt übernimmt der Vermögensverwalter die Betreuung des Depots. Einzelne Freizeichnungen von Produkten oder gar Beratungsprotokolle sind kein Thema. Die Entlohnung des Vermögensverwalters erfolgt über ein Honorar und ist daher transparent für den Kunden.

Die Gefahrenquellen psychologischer Natur gestalten sich bei Vermögensverwaltern im Prinzip ähnlich wie bei Vermögens- und Bankberatern. Das Besondere an Vermögensverwaltern ist aber, dass sie frei und (in beschränktem Rahmen) ohne Rücksprache mit dem Auftraggeber agieren können. Hierzu ist ein vertrauensvolles Verhältnis zwischen Vermögensverwalter und Mandanten notwendig, damit es bei Verlusten im Portfolio nicht zu Unzufriedenheit seitens des Kunden und dadurch bedingt zu Aufkündigen von Mandaten und Rechtsstreitigkeiten kommt. Besonders müssen Vermögensverwalter zur Steigerung der Kundenzufriedenheit darauf achten, dass ihre Kunden realistische Bezugspunkte bei der Bewertung der Verän-

---

[9] Essinger, Lowe 2000, S. 24 ff.

[10] Man spricht in diesem Zusammenhang von einem sog. „Trennbankensystem". Demgegenüber steht das in Deutschland übliche Universalbankensystem.

[11] Vgl. Unternehmensdatenbank der BaFin: www.bafin.de (Stand: April 2015).

derung ihrer Anlagewerte ansetzen[12]. Generell dienen Indizes als Vergleichswerte, jedoch sollten im Fall eines unterdurchschnittlichen Erfolgs andere Vergleichswerte herangezogen werden, beispielsweise die Performance anderer Wettbewerber.[13]

Zudem wird es sich auszahlen, kontinuierlich dafür zu sorgen, dass sich der Kunde kompetent und gut informiert fühlt. Dies führt nämlich zu einer erhöhten Kontrollwahrnehmung seitens des Kunden, was wie bereits besprochen ein elementares Bedürfnis von Menschen ist. Hierbei ist zu beachten, dass gutes Informieren nicht gleich bedeutend mit häufigem Informieren ist. Ein Zuviel an Informationen kann den gegenteiligen Effekt bewirken, nämlich das Gefühl erzeugen, mit der Information überfordert zu sein. Auch muss bei der Formulierung von Informationen darauf geachtet werden, dass der Inhalt und die Wortwahl auf das Wissen und die Persönlichkeit des Kunden abgestimmt sind.

Ein weiterer Unterschied zwischen Vermögensverwaltern und Bankberatern kann darin liegen, dass Vermögensverwalter eher in kleinen Unternehmen mit flachen Hierarchien arbeiten oder sogar selbstständig sind. Dies führt dazu, dass sie stärker als Bankberater unternehmerisch denken müssen. Dies spiegelt sich in tendenziell vorsichtigerem Vorgehen in Verbindung mit Überreaktionen auf negative Ereignisse wieder. In den Jahren 2008 und 2011 zeigte sich diese in sehr verhaltenem und vorsichtigem Agieren der Vermögensverwalter. Ihnen war noch sehr bewusst, wie stark die Verluste in den von ihnen betreuten Portfolios waren, so dass sie sehr defensiv agierten und teilweise noch immer agieren.[14]

Aber auch positive Phasen an Kapitalmärkten können bei selbstständigen Vermögensverwaltern zu Überreaktionen führen. Sie sind stärker als ihre fest angestellten und kontrollierten Kollegen in Bankhäusern gefährdet, einer Kontrollillusion zu unterliegen und sich selbst zu überschätzen. Permanente Selbstbeobachtung und Rücksprachen mit Kollegen sind hier notwendig, um potentiellen Fehlentscheidungen vorzubeugen.

---

[12] Man spricht in diesem Zusammenhang zumeist auch von „Benchmarks".

[13] Oftmals werden aber auch völlig andere Ansätze der Messung propagiert, vgl. z. B. der sog. „total return Ansatz".

[14] Vgl. hierzu die seinerzeitige Risikopolitik der Vermögensverwalter in ihren jeweiligen Portfolios.

4.4 Perspektive von Kapitalsammelstellen

Kapitalsammelstellen sind Institutionen, welche Gelder von Individuen sammeln und dann einer kollektiven Verwaltung zuführen. Derartige Institutionen sind z. B. Versicherungen, Pensionskassen, Fonds u. a. Alle sind gleichermaßen dafür verantwortlich, die Gelder entsprechend der festgelegten Risikopolitik anzulegen und zu mehren. Jeder einzelne Anleger erwirbt beim Kauf Anteile an dem jeweiligen Anlagekonstrukt.[15]

Unter Rationalitätsgesichtspunkten besteht das Problem regelmäßig darin, dass für eine Vielzahl von Individuen eine gemeinsame Anlageform gefunden werden muss. Die hierfür notwendigen Kompromisse, die eingegangen werden müssen, führen bei Betrachtung einzelner Anleger sicherlich zu suboptimalen Anlageformen, allerdings muss diesem Nachteil der Vorteil gegenüber gestellt werden, dass durch große Anlagebeträge Investitionsmöglichkeiten zur Verfügung stehen, die einzelnen Anlegern sonst nicht möglich sind.

Es gibt bei Kapitalsammelstellen aber noch eine zweite Dimension zu beachten, nämlich die der Macht. So kann man beispielsweise an der Entwicklung amerikanischer Hedge-Fonds nachvollziehen, dass diese nach einem starken Wachstum weltweit in der Lage sind, Kursveränderungen in verschiedenen Asset-Klassen herbeizuführen. Nur so ist z. B. auch die kontinuierliche Abwärtsbewegung des Goldpreises innerhalb der letzten zwei Jahre verständlich. In globalen Märkten können eben mit ungedeckten Leerverkäufen derartige Bewegungen herbeigeführt werden. Die Frage bleibt, ob dies ein rationales Verhalten von Hedge-Fonds (geworden) ist oder ob es eigentlich irrational ist, weil hier versucht wird, die Masse der Goldanleger zu schädigen.

Aus Perspektive der Kunden solcher Kapitalsammelstellen muss man berücksichtigen, dass es sich bei Kapitalsammelstellen üblicherweise um Rentenversicherungen oder Fonds handelt, die sich dem Thema Altersvorsorge widmen. Bei diesem Thema ist festzustellen, dass die Kompetenz der Anleger stark eingeschränkt ist.[16] Einerseits werden Entscheidungen, die sich mit der Altersvorsorge befassen, gern aufgeschoben, da sie gemäß der zeitlichen abnehmenden Sensitivität als nicht dringlich bewertet werden. Andererseits wird der Markt möglicher Vorsorgeprodukte immer unübersichtlicher. Nur wenige Privatanleger kennen sich bei Riester-, Rürup-, Basis- und sonstigen Renten aus und können die Vorteilhaftigkeit bewerten. Hinzu kommen auch nicht unmittelbar zu durchschauende staat-

---

[15] z. B. an einer fondsgebundenen Rentenversicherung.
[16] Vgl. Werner 2009, S. 285.

liche Fördermöglichkeiten, die eine Entscheidung für oder gegen ein Produkt noch schwieriger machen.

Als Resultat dieser geringen Kompetenzeinschätzung, die mit Kontrollverlustgefühlen einhergeht, unterliegen viele Anleger dem Herdentrieb, hängen sich an die Meinungen von Meinungsführern an oder ziehen sich im schlimmsten Fall komplett aus der Altersvorsorge zurück. Hier sind Maßnahmen zur Kompetenzerhöhung absolut notwendig. Denn nur wer sich kompetent fühlt, ist bereit sich mit dem wichtigen Thema der Altersvorsorge auseinander zu setzen. Kommunikations- und Vertriebskanäle über (unabhängige) Vermögensberater können hier helfen.

Zusammenfassung und Ausblick 5

Der vorliegende Beitrag liefert einen Überblick über die Rationalität von Anlageentscheidungen. Im ersten Kapitel wurde der Begriff der Rationalität näher erläutert. Ausgehend von soziologischen Begriffen wurden der wirtschaftswissenschaftliche Begriff des rationalen Entscheiders (des Homo oeconomicus) vorgestellt sowie neuere und realitätsnähere Verständnisse von Rationalität analysiert.

Da reale Menschen nur über eingeschränkte Rationalität verfügen, wurden im hierauf folgenden Kapitel diese Rationalitätsbeschränkungen genauer dargestellt. Erkenntnisse zu motivationalen Beschränkungen wie dem Bedürfnis nach Dissonanzfreiheit und dem Bedürfnis nach Kontrolle und ihre Auswirkungen auf Anlageentscheidungen waren genauso Thema wie die unbewusste Anwendungen von Heuristiken, so z. B. der Verfügbarkeitsheuristik, der Repräsentativitätsheuristik, der Verankerungsheuristik und der mentalen Kontenbildung sowie deren Anwendung bei Anlageentscheidungen. Als ein integrierendes Modell wurden die Grundlagen der Prospect Theory von Kahneman und Tversky vorgestellt.

Da Privatanleger nicht die einzigen Kapitalmarktteilnehmer mit eingeschränkter Rationalität sind, widmete sich das vierte Kapitel weiteren Kapitalmarktakteuren und ihren Rationalitätseinschränkungen. In diesem Kapitel wurde der Schwerpunkt auf eine Analyse der Auswirkungen auf die Interaktion zwischen privaten Anlegern und den jeweiligen weiteren Akteuren gelegt.

Dieser Beitrag soll Anlegern und auch anderen Kapitalmarktakteuren neue Sichtweisen zugänglich machen. Ziel ist es dabei, die gestiegene Komplexität der Kapitalmärkte besser absorbieren zu können und letztlich den Glauben an „gute" Entscheidungen wieder erstarken zu lassen. Es handelt sich also gerade nicht um einen „How-to-do" Ratgeber für Tagestrader sondern um eine grundlagenorientierte Lektüre für all diejenigen, die besser verstehen wollen, wie Anlageentscheidungen rational zustande kommen.

© Springer Fachmedien Wiesbaden 2015
S. Pulham, M. Deeken, *Zur Rationalität von Anlageentscheidungen*, essentials,
DOI 10.1007/978-3-658-10806-9_5

Im Sinne einer selbstkritischen Würdigung sei abschließend erwähnt, dass sich dieser Beitrag in dem ihm gebotenen Umfang darauf beschränkte, subjektive und objektive Rationalität zu unterscheiden. Die Erweiterung des Bezugsrahmens um die in der Soziologie verwendeten Rationalitätsstufen würde eine nächste Abhandlung rechtfertigen. So könnte man dann beispielsweise noch wesentlich genauer untersuchen, warum sich bei den Anlegern bzw. Kapitalmarktakteuren bestimmte Trends etablieren bzw. entwickeln. Die Bedeutung von „Nachhaltigkeit" könnte man beispielsweise mit einer moralisch-praktischen Rationalität in Verbindung bringen. Und die Entwicklung von „Wein- bzw. Kunstfonds" wäre vor dem Hintergrund einer ästhetisch-expressiven Rationalität zu begründen bzw. zu verstehen.

Was Sie aus diesem Essential mitnehmen können

- Rationalität muss nicht immer bedeuten, dass man die ökonomisch beste Entscheidung trifft. Auch das Verfolgen anderer Ziele kann zu rationalen Entscheidungen führen.
- Menschen unterliegen Rationalitätsbeschränkungen, wenn man Rationalität nur als ökonomische Rationalität begreift.
- Die Kenntnis möglichen Fehlverhaltens unterstützt dabei, ökonomisch bessere Entscheidungen zu fällen.
- Die Kenntnis möglichen Fehlverhaltens verbessert die Interaktion zwischen unterschiedlichen Kapitalmarktakteuren.

© Springer Fachmedien Wiesbaden 2015
S. Pulham, M. Deeken, *Zur Rationalität von Anlageentscheidungen,* essentials,
DOI 10.1007/978-3-658-10806-9

Literatur

Bauer, S., Gewalt, P., Höß, A., Groß, J., & Westermann, F. (2014, 25. Okt.). www.finanzen.net. Von http://www.finanzen.net/nachricht/aktien/Euro-am-Sonntag-Titel-Absturz-an-den-Boersen-War-s-das-jetzt-3955108.

Baumeister, R. F. (2005). *The cultural animal: Human nature, meaning, and social life*. Oxford: Oxford University Press.

Bierich, M. (1987). Zukunftsaufgaben der Betriebswirtschaftslehre aus der Sicht der Unternehmen. *Zeitschrift für betriebswirtschaftliche Forschung, 39*, 111–130.

Breuer, W., & Perst, A. (2004). *Retail banking and behavioral finance engineering*. Aachen: Arbeitspapiere der betrieblichen Finanzwirtschaft.

Bundesanstalt für Finanzdienstleistungsaufsicht. (2015, 30. Apr.). Von www.bafin.de. http://www.bafin.de/DE/DatenDokumente/Datenbanken/Unternehmenssuche/unternehmenssuche_node.html.

Dantzig, G. B., & Jaeger, A. (1966). *Lineare Programmierung und Erweiterungen*. Berlin: Springer.

Deeken, M. (1997). *Organisationsveränderung und das Konzept der Mobilisierung. Theoretische Aussagen und praktische Erkenntnisse aus einer Fallstudie im Bankensektor*. Wiesbaden: Gabler.

Eisenführ, F., Langer, T., & Weber, M. (2010). *Rationales Entscheiden* (5. Aufl.). Heidelberg: Springer.

Essinger, J., & Lowe, D. (2000). *Das Financial-times-Handbuch der Vermögensverwaltung*. München: Pearson Education Ltd.

Festinger, L. (1962). *A theory of cognitive dissonance*. Stanford: Stanford University Press.

Fischhoff, B., Lichtenstein, S., Slovic, P., Derby, S. L., & Keeney, R. L. (1981). *Acceptable risk*. Cambridge: Cambridge University Press.

Frey, B. S., & Benz, M. (2001). *Ökonomie und Psychologie: eine Übersicht. Working Paper No. 92, Institute for Empirical Research in Economics University of Zurich*. Göttingen: Hogrefe.

Frey, D., & Jonas, E. M. (2002). Die Theorie der kognizierten Kontrolle. In D. Frey & M. Irle (Hrsg.), *Theorien der Sozialpsychologie–Bd. III: Motivations- und Informationsverarbeitungstheorie* (S. 13–50). Bern: Huber Hans.

Gäfgen, G. (1963). *Theorie der wirtschaftlichen Entscheidung–Untersuchungen zur Logik und Bedeutung des rationalen Handelns*. Tübingen: J. C. B. Mohr (Paul Siebeck).

© Springer Fachmedien Wiesbaden 2015
S. Pulham, M. Deeken, *Zur Rationalität von Anlageentscheidungen*, essentials,
DOI 10.1007/978-3-658-10806-9

Gore, W. J. (1962). Decision-making research: Some prospects and limitations. In S. Mailick & E. H. Van Ness (Hrsg.), *Concepts and issues in administrative behavior* (S. 49–65). Englewood Cliffs: Prentice-Hall Inc.

Gutenberg, E. (1929, 1998). *Die Unternehmung als Gegenstand betriebswirtschaftlicher Theorie*. Wiesbaden: Gabler.

Heinen, E. (1985). *Einführung in die Betriebswirtschaftslehre*. Wiesbaden: Gabler.

Herrmann, A., & Bauer, H. H. (1996). Ein Ansatz zur Preisbündelung auf der Basis der „prospect"-Theorie. *Zeitschrift für betriebswirtschaftliche Forschung, 48,* 675–694.

Kahneman, D., & Tversky, A. (1979). Prospect theory: An analysis of decision under risk. *Econometrica, 47,* 263–291.

Kirsch, W. (1992). *Kommunikatives Handeln, Autopoiese, Rationalität. Sondierungen zu einer evolutionären Führungslehre*. Herrsching: Barbara Kirsch.

Kirsch, W. (2001). *Die Führung von Unternehmen*. Herrsching: Barbara Kirsch.

Klein-Blenkers, F. (1998). *Zur Entwicklung der Betriebswirtschaftslehre in Deutschland. Festschrift anlässlich des 100-jährigen Gründungsjubiläums der Handelshochschule Leipzig am 25. April 1998*. Leipzig: Handelshochschule.

Langer, E. J. (1975). The illusion of control. *Journal of Personality and Social Psychology, 32*(2), 311–328.

Lehrer, J. (2009). *How we decide*. Boston: Houghton Mifflin Harcourt.

Lichtenstein, S., Fischhoff, B., & Phillips, L. D. (2006). Calibration of probabilities: The state of the art to 1980. In D. Kahneman, P. Slovic, & A. Tversky (Hrsg.), *Judgement under uncertainty: Heuristics and biases* (S. 306–334). New York: Cambridge University Press.

Loewenstein, G. (1992). The fall an rise of psychological explanations in the economics of intemporal choice. In G. Loewenstein & J. Elster (Hrsg.), *Choice over time*. New York: Russell Sage Foundation.

Loewenstein, G., & Thaler, R. H. (1989). Anomalies: Intertemporal Choice. *The Journal of Economic Perspective, 3*(4), 181–193.

Mitroff, I. I. (1971). A communication model of dialectical inquiry systems–a strategy for strategic planning. *Manangement Science, 17,* 634–648.

Nehring, M. (2011). *Homo oeconomicus–ein universell geeignetes Modell für die ökonomische Theorie?* Hamburg: Diplomica.

von Nitzsch, R. (2014). *Entscheidungslehre* (7. Aufl.). Aachen: Wissenschaftsverlag Mainz.

Plous, S. (1993). *The psychology of judgement and decision making*. New York: McGraw-Hill Inc.

Pulham, S. (2012). *Statistik leicht gemacht*. Wiesbaden: Gabler.

Raab, G., Unger, A., & Unger, F. (2010). *Marktpsychologie–Grundlagen und Anwendung*. Wiesbaden: Gabler.

Rescher, N. (1992). *Rationalität. Eine philosophische Untersuchung über das Wesen und die Begründung der Vernunft*. Würzburg: Könighausen & Neumann.

Schachter, S., Hood, D., Andreassen, P., & Gerin, W. (1986). Aggregate variables in psychology and economics: Dependence an the stock market. In B. Gilad & S. Kaish (Hrsg.), *Handbook of behavioral economics* (Vol. B, S. 237–271). Greenwich: JAI Press Inc.

Schmalenbach, E. (1911). Die Privatwirtschaftslehre als Kunstlehre. *Zeitschrift für handelswissenschaftliche Forschung,* 304–316.

Simon, H. A. (1959). Theories of decision-making in economics and behavioral science. *The American Economic Review, 49*(3), 253–283.

Simon, H. A. (1972). Theories of Bounded Reality. *Decision and Organization*, 161–176.

Stotz, O., & von Nitzsch, R. (2003). Warum sich Analysten überschätzen–Einfluss des Kontrollgefühls auf die Selbstüberschätzung. *Zeitschrift für Bankrecht und Bankwirtschaft*, *15*(2), 106–113.

Svenson, O. (1981). Are we less risky and more skillful than our fellow drivers? *Acta Psychologica*, *47*, 143–148.

Thaler, R. H. (2008). Mental accounting and consumer choice. *Marketing Science*, *27*(1), 15–25.

Thompson, S. C. (1981). Will it hurt less if I can control it? A complex answer to a simple question. *Psychological Bulletin*, *90*(1), 89–101.

Tversky, A., & Kahneman, D. (1973). Availability: A heuristic for judging frequency and probability. *Cognitive Psychology*, *5*(2), 207–232.

Tversky, A., & Kahneman, D. (1974). Judgement under uncertainty: Heuristics and biases. *Science, New Series*, *185*(4157), 1124–1131.

Tversky, A., & Kahneman, D. (1981). The framing of decisions and the psychology of choice. *Science, New Series*, *211*(4481), 453–458.

Tversky, A., & Kahneman, D. (1983). Extension versus intuituitive reasoning: The conjunction fallacy in probability judgment. *Psychological Review*, *90*(4), 293–331.

Weber, M. (1922). *Wirtschaft und Gesellschaft–Grundriß der verstehenden Soziologie*. Heidelberg.

Weber, M. (2007). *Genial einfach investieren–Mehr müssen Sie nicht wissen–das aber unbedingt!* Frankfurt a. M.: Campus Verlag GmbH.

Weber, J., & Schäffer, U. (1999). Sicherstellung der Rationalität von Führung als Aufgabe des Controlling? *DBW: Die Betriebswirtschaft*, *59*(6), 731–747.

Werner, C. (2009). *Verbraucherbildung und Verbraucherberatung in der Altersvorsorge*. Wiesbaden: Gabler.